世界の
宮殿廃墟

華麗なる一族の末路

世界の宮殿廃墟

華麗なる一族の末路

マイケル・ケリガン

CONTENTS

はじめに

悠遠の昔に憧憬を抱き、古代ローマの足跡を探しに行った人々は、今にも崩れ落ちそうなただの廃墟を目の当たりにして落胆した。フランスの詩人ジョアシャン・デュ・ベレー（1522〜60年）は、そんな同世代の人々に、「あなた方が目にしている古い宮殿やアーチや壁。それが世にいうローマである」と忠言した。

目の前の廃墟こそローマの遺跡であり、永遠の都の永遠の魂を体現しているような立派な神殿を探し求めても無駄だと伝えたのだ。「ローマ自体が、古代ローマの唯一のモ

ニュメントだ」。

ほぼ同じことが、ローマほど壮大でも有名でもない土地の廃墟にも言える。放棄されているということ自体、ある意味で建物を特徴づける事実であり、歴史に翻弄されてきたことを物語っている。建物の汚れや損傷は、波乱万丈の歴史の痕跡だ。本物の宮殿か、高級ホテルや邸宅かを問わず、壮麗な建物の廃墟には強く心を揺さぶる何かがある。建物には誕生したときから格の違いがあり、もともと立派な建物は、普通の家や、工場やオフィスビルと違って、朽ちゆくときの落差が大きいのだ。

①

**放棄された1800年代の邸宅
イタリア、ピエモンテ州
ノビ・リグレ**

こんなにも壮麗で、広々とした部屋の中で、どんな暮らしが営まれ、どんな物語が繰り広げられたのだろうか。そして、いかなる悲劇（あるいは茶番劇）が原因で放棄されたのだろうか。

ムロムツェボ城
ロシア、ウラジーミル州スドグダ

この城の損傷は敵の攻撃によるものではない。滑稽なまでに気候に合わない造りのため、毎年訪れるロシアの厳しい冬に耐えられず、朽ちてきたのだ。そんなムロムツェボ城にも、歩んできた歴史がある。

南北アメリカ大陸とカリブ

新大陸といえば、成金だ。一括りにしすぎかもしれないが、まぎれもない真実だ。南北アメリカ大陸やカリブに残る荒廃した"宮殿"は、王のごとき暮らしに憧れた入植者や産業化時代の悪徳資本家が、圧倒的な財をつぎ込んで建てたステータスシンボルだった。

確かに、南北アメリカ大陸の先住民もすばらしい足跡を残している。だがメソアメリカの石造りの建物や、米国南西部に残る日干し煉瓦造りのプエブロは、類まれな例だ。こういったごく初期の集落のほとんどは、かすかな痕跡しか残していなかった。それゆえ、コロンブス到達後に新大陸が征服される中で起きた大量殺

戮や、図らずも持ち込まれた流行病の衝撃によって、歴史の証は無残なまでに拭い去られてしまった。

「パナマ地峡が我々にとって、かつてのギリシャ人にとってのコリントス地峡になったら、どんなにすばらしいだろう」と、1815年にシモン・ボリバルは記している。ラテンアメリカの解放者でさえ、ヨーロッパの文明を模範と仰いでいたようだ。新世界の人々は、必死でまねることしかできなかったのだ。それゆえ新大陸では、豪奢を極める宮殿や邸宅、公共の建物が、模倣を基本とする二番煎じの建築文化を象徴しているようで、その廃墟は一層物悲しいものに思える。

26

スワンナノワ宮殿の庭園のパーゴラ
米国バージニア州アフトン

富を成すだけでは飽き足りなかった企業家は、成功の永遠の証を築いた。弁護士兼政治家にして鉄道王だったジェームズ・H・ドゥーリー(1841〜1922年)は、1912年にローマのヴィラ・メディチにそっくりの麗しい邸宅を建てた。

ソスネアド温泉ホテル
アルゼンチン、メンドーサ州

かつては玄関ホールで富裕な客たちがにぎやかに挨拶を交わし、プールには楽しげな水しぶきの音が響き渡っていた。ところが、このスパは1938年の開業からわずか15年で打ち捨てられた。今では動くものもなく、静寂に包まれ、雪をまとうアンデスを背負う寂寥とした風景の中にたたずんでいる。

**左：フランコ・デ・メロ宮殿
ブラジル、サンパウロ**

裕福な地主のジョアキン・フランコ・デ・メロ大佐は、サンパウロ州の西部に自分の町を建設し、妻の名にちなんでラビニアと名付けたことで知られている。それを基準に考えると、広大な敷地に建つ建築面積600平方メートル、35室という壮麗な邸宅もたいしたものではなかった。1905年に大佐の子供たちが建てたこの邸宅は、町の名士の屋敷として代々受け継がれていくはずだった。だが1992年、老朽化のため政府による使用禁止命令が出された。保存を求める活動や訴訟も行われたが、そうこうしている間にも次第に荒れ果てていった。

**上：皇帝の宮殿
ブラジル、サンパウロ**

この建物は、1858年にドン・ペドロ2世（1825〜91年、在位1831〜89年）の命令で築かれたために皇帝の宮殿と呼ばれているに過ぎない。せいぜい兵舎にしか見えない質素な建物だ。イタプラ砦の呼び名でも知られており、パラグアイとの戦争（1864〜70年）では、戦略上重要なチエテ川とパラナ川の合流地点を守るうえで大きな役割を果たした。その後、数十年にわたって平和が続くと、軍事施設としての役目を終え、1896年には閉鎖された。それから100年以上にわたって、いつかは死が訪れることを警告するモニュメントとなってきた。生きとし生けるものは草のようにはかなく、この上なく堅固な石造の建物もいつかは塵となる。建物には"はかなさ"（Evanescence）という落書きがされている。

**上：総督邸
モントセラト、プリマス**

小アンティル諸島の一部であるリーワード諸島のモントセラト島は英国の海外領土だが、1995年のスーフリエール・ヒルズ火山の噴火によって、ほとんどの住民が避難を余儀なくされた。島には数千人が住んでいたが、英国に居を移した。甚大な被害のあった首都プリマスでは、その後も火山活動が続き、降り注ぐ火山灰と有毒ガスや溶岩の流れに阻まれて再建が進まず、住民も戻っていない。モントセラトの北部では新たな町を作る取り組みがなされてきたが、島の南半分は依然として立入禁止のままだ。

**右：ホテル・デル・サルト
コロンビア、サンタンデルシト**

ホテル・デル・サルトがあるのは、コロンビアの首都から西へ30キロに位置するサンタンデルシトだ。ボゴタ川にあるテケンダマ滝を臨む絶好の場所にそびえたち、ロケーションにふさわしく「跳躍」を意味する名が付いている。1923年に建設され、もともとは個人の屋敷だったが、わずか5年後にホテルとして開業した。排水や近隣の建設工事の影響で、川がひどく汚染され、1940年には廃業せざるを得なくなった。その後は放棄されたままになっていたが、2014年に改修され、生物多様性博物館として使用されることになった。

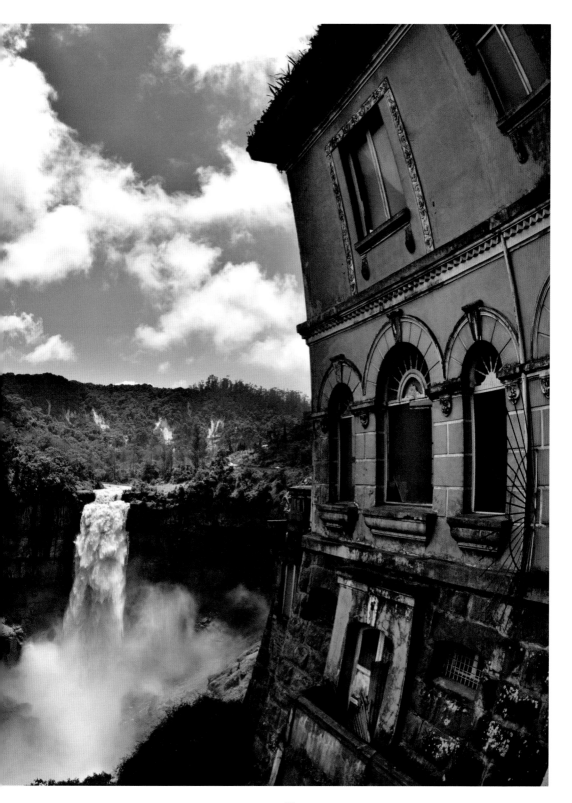

バロック様式の建物
キューバ、ハバナ

ハバナでは道を行き交うクラッシックカーと並び、朽ちかけ、古色蒼然としたバロック様式の建築物が、工夫を凝らして繰り返し修繕され、町の守護的な役割を担ってきた。イデオロギー的な視点を持つ来訪者は、古い建物のありさまが、米国による経済制裁に対する革命政権の抵抗を物語っていると受け止める。物見遊山の観光客にとっては、ただ町に華やかな魅力を添える存在に過ぎない。いずれにせよ、重要な建築遺産を保存するという点では、長く続いたカストロ政権ほど有効なものはなかったようだ。

サン・スーシ宮殿
ハイチ、ミロ

アンリ・クリストフ王（1767～1820年、在位1811
～20年）が建てさせた宮殿。元奴隷だった彼は、フラ
ンス人入植者から自由を勝ち取るための戦いで主導的
な役割を果たした。独立したハイチの大統領に選出さ
れると、一転して独裁的となり、島国の北部に自分の
王国を建設した。多くの宮殿が建てられ、ひときわ大
きなサン・スーシ（無憂宮）もその一つだった。1842
年の地震によって大きく損傷し、放棄された。

9

大統領宮殿
ハイチ、ポルトープランス

2010年1月に大地震がハイチを襲って以来、崩れ落ちたままになっている大統領宮殿の円屋根は、まさにこの国の惨状を象徴する存在となっている。地震そのもので何万人もの命が失われた上、もともと北半球の最貧国だったこともあり、数週間、数カ月と経つうちに、病気の蔓延や治安の悪化によってさらに何十万人もの人々が犠牲となった。

パレンケ遺跡の宮殿
メキシコ、チアパス州

正真正銘の古代遺跡であるパレンケの宮殿は、マヤ文明の有力な国家の中枢として、紀元後200年から800年にかけて段階的に建てられた。遺跡の大部分はいまだに謎に包まれている。天体観測塔と呼ばれる主要部分も実際の使用目的はほとんど分かっていない。また中庭の周りに住居や役場、神殿のほか、儀式としての球戯が行われたと思われる施設もある。

11

歴史地区の廃墟ホテル
ペルー、リマ

「王たちの都」の異名を持つペルーの首都リマは、スペイン人の征服者フランシスコ・ピサロ（1471年頃～1541年）によって建設され、現在でも当時の建造物が数棟残っている。ただ、この都市は歴史的な社会変動や度重なる大地震の影響を受け、何世紀にもわたって紆余曲折の歴史を歩んできた。そんな事情もあって、ラテンアメリカ屈指の人気観光地の真っただ中に、このような立派なホテルの廃墟が建っている。

左：バナーマン城
米国ニューヨーク州ポリプル島

この壮大な建築物があるのは、ニューヨーク市から80キロ上流のハドソン川に浮かぶ小さな島だ。建設者は、北アイルランドからの移民で、余剰軍事物資の商売で財を成したフランシス・バナーマン6世（1851～1918年）。危険な武器弾薬を安全に保管するために島を購入し、戦争のイメージにこだわって凝った城郭風の武器庫を建てた。1920年、おそらく起こるべくして爆発が起き、建物の大部分が倒壊した。

上：ベル邸、馬車置場
米国ロードアイランド州ブレントンポイント
州立公園

ロードアイランドきっての名家の屋敷跡に唯一残る馬車置場と馬小屋。本職は弁護士だったが、熱心なエジプト研究家として有名だったセオドア・M・デービス（1838～1915年）は、1876年にこの広大な土地に屋敷を建て、ザ・リーフと名付けた。後にザ・ベルズと改名され、第二次世界大戦中には敷地に沿岸砲を据え付けるために接収された。所有者に返還された後も人が住むことはなく、1960年に火災が起きて取り壊しを余儀なくされた。

ハリー・フレーベル邸
米国オレゴン州
アストリア

いかにもアメリカの幽霊屋敷という雰囲気が漂う、いわくつきの家。1901年に建てられ、ジョージ・コンラッド・フレーベル船長（1855～1923年）が購入した。1940年代からは孫息子のハリーが姉のメアリー・ルイーズとともに住んでいた。ほとんど人付き合いがない二人と、近所の人々もかかわろうとしなかったが、それが賢明だった。というのも、ハリーは手斧を持って隣家に行く騒動を起こしたことがある上、1983年には車を運転していた人と口論になって刺し、刑務所行きとなったのだ。

15

ベネット大学、ハルシオンホール
米国ニューヨーク州ミルブルック

指折りの名門だったベネット大学では、
ニューヨーク州の良家の子女たちが平穏で
幸福な娘時代を過ごした。しかし、1900
年代の半ばにかけて共学が主流になると、
徐々に人気が衰え、1978年に廃校となっ
た。1893年に建設された本校舎は、当時
としては際立って美しい建物だったが、朽
ちゆく今も独特の雰囲気を漂わせている。

16

ボルト城
米国ニューヨーク州アレクサンドリアベイ、ハート島

ハート島は、オンタリオ湖からセントローレンス川が流れ出る付近の、米国とカナダの間の開けた水域に点在するサウザンド諸島のひとつだ。裕福なホテル経営者のジョージ・ボルト（1851～1916年）は、ニューヨークにウォルドルフ＝アストリアホテルを建てて間もなく、妻ルイーズへの贈り物としてこの城を建てることにした。二人は、フィラデルフィアクラブで皿洗いとホステスとして働いていたときに出会った。最愛の妻は、接客業に関して独自のアイデアを持った重要なビジネスパートナーでもあった。1904年に妻が他界すると、ボルトは悲嘆に暮れ、城の建設を放棄、城は完成を見ることなく廃墟となった。しかし1970年にサウザンドアイランズ・ブリッジ管理局が工事を引き継ぎ、修復して一般に公開した。それ以来、ボルト城は人気の観光スポットとなっている。

 上：リゾート施設
米国ニューヨーク州
キャッツキル山地

放棄されたリゾート施設に、夕暮れが迫っている。ニューヨーク州北部のボルシチ・ベルトと呼ばれる一帯に点在する廃墟の一つだ。この辺りは、1920年代から1980年代にかけて、ユダヤ系の中流階級の家族でにぎわっていた。だが、その後は陰りが見え始める。最初はマイアミやフロリダのゴールドコーストに、やがて飛行機の運賃が安くなると、遠い外国のリゾートに人気を奪われた。

 右：放棄された屋敷
米国ミシガン州デトロイト

経済が急激に落ち込んだ数十年の間に、「自動車の街」と呼ばれたデトロイトはすっかり様変わりし、脱工業化して衰退した主要都市として知られるようになった。焦土と化した街、荒涼とした廃工場、雑草に覆われた鉄道の側線といった光景が、世界中の雑誌にたびたび掲載された。だが、この物悲しい写真を見ればわかるように、デトロイトを去ったのは、産業や直接影響を受けた労働者階級の人々だけではない。何代にもわたって築き上げてきた中産階級の生活も失われたのだ。

左と上：スクワイア城
米国オハイオ州クリーブランド、ノースシャグリン保護区

どっしりとして人目を引き付けるこの建物は、ただの守衛の詰所だ。クリーブランドの北東のはずれにあるシャグリン渓谷の広大な敷地に、英国風の大邸宅を建てることになり、その一部として築かれた。屋敷の建設を計画したのは、ファーガス・B・スクワイア（1850〜1932年）で、妻ルイーザと娘とともに住む予定だった。石油会社スタンダード・オイルの幹部だった彼にとって、資金は問題ではなかった。だが、忍耐が足りず、母屋の建築資材の確保が難航して進行が滞ると、建設が本格化する前に興味を失ってしまった。この守衛詰所は1897年に完成し、週末の別荘として使われたこともあったが、スクワイア一家が期待した邸宅には遠く及ばなかった。内部は堂々たる外観を凌ぐ出来栄えで、重厚なロマネスク様式のアーチや、広々とした美しい庭園を臨む窓があったが、一家は失望した。もっと派手な屋敷で贅沢三昧したかったのだ。すぐにノースシャグリンから足が遠のいた。1922年にスクワイアが売り払ったこの〝城〟は、住む人のいないまま放置され、そのまま現在に至っている。

放棄されたホテル
米国モンタナ州コメット

コメットでは1874年に金鉱が発見され、銀、亜鉛、鉛、銅なども相次いで見つかった。2年足らずで町が建設され、1890年代には300人の定住者がおり、20軒の酒場があって活況を呈した。だが1900年までに好景気は過ぎ去り、それ以来、ゴーストタウンになっている。

荒れ果てた屋敷
米国ミシガン州デトロイト

デトロイトが廃墟ツアーの人気スポットになっているのは、単に7万棟もの建物が打ち捨てられた荒廃都市だからではない。人々を引き付けているのは、廃墟の質だ。わずか数年前まで誇りと名声の確固たる証だった立派な建物を目にすると、没落がこの上なく悲劇的な出来事に思えるのだ。

上と下：
ティオロンダ屋敷
米国ニューヨーク州
ビーコン

ジョセフ・ハウランド将軍（1834～86年）は、中国貿易で財を成した並外れた富豪の家に生まれた。生涯を通じて博愛主義者だった彼は、資産のほとんどを投げうって、ビーコンの近隣に図書館や病院を次々と建てた。唯一、ティオロンダの屋敷だけは、自分自身のために建てたものだ。しかしその屋敷も、彼の死後は精神病院として使われ、1999年に放棄された。ハウランドは、英国の大地主のように、田舎のティオロンダの屋敷で静かに隠居生活を送ることを望んでいた。だがその願いはかなわず、南北戦争によって平和で穏やかな暮らしは奪われた。ハウランドは勇敢に戦い、将官の位も得た。その後もニューヨーク州の財務官を務めるなど公務で忙しく、悠々自適とはいかなかった。

23

昔のホテル
米国ミシガン州ファイエット州立歴史公園

ファイエットは 1867 年から 1891 年にかけての
14 年間、産業の中心として栄えた。ミシガン湖を
わたって運ばれてきた鉄鉱石が、ここで精錬され
ていた。溶鉱炉の燃料には内陸側の森から得た石
炭が使われ、出来上がった鉄は再び船で湖を渡っ
た。最盛期には約 500 人がファイエットに住んで
いたが、適した材木がすぐに不足したことや、鉄
の価格の急落が原因で製鉄所は終焉を迎えた。

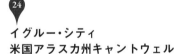

24
イグルー・シティ
米国アラスカ州キャントウェル

この地では 1970 年代に開発計画が持ち上がったが、
町はおろかホテル 1 軒すら営業に至らなかった。唯一
このガソリンスタンドだけが機能していたが、今では
それも放棄されている。この巨大なコンクリート製のイ
グルー（イヌイットが雪塊で作る簡易住居）は、580
キロ離れたフェアバンクスとアンカレッジの間を移動
する旅行者を誘引する目的で建設された。建築基準さ
え満たすことができれば、そうなるはずだったのだ。高
さ 24 メートル、幅 32 メートルの奇妙なコンクリート
の建物は合板で裏打ちされていた。地元の企業家レオ
ン・スミス（1921 ～ 99 年）が、1972 年に自分の構
想を実現しようと建設を始めたのだが、その夢は州の
役人によって打ち砕かれた。イグルーという建物の性
質上、当然窓がないのだが、調査官がそれを問題にし
たのだ。そればかりでなく、他にも建築基準を満たさ
ない点がいくつかあったようだ。

 25

ウルフ・ハウス
米国カリフォルニア州グレンエレン

ベストセラー小説『野生の呼び声』（1903 年）や『海の狼』（1904 年）の著者ジャック・ロンドン（1876 ～ 1916 年）は、カナダのクロンダイクで起きたゴールドラッシュに身を投じたこともあれば、船乗りとして太平洋を航行したこともある。満州では従軍記者として働き、ロンドンのイーストエンドでスラム街を取材したこともある。ウルフ・ハウスは安住の地となるはずだった。だが 1913 年、妻と共に入居する予定だった日の 2 週間前に家は全焼し、放棄せざるを得なくなった。

スワンナノワ宮殿
米国バージニア州アフトン

鉄道王ジェームズ・H・ドゥーリーは、ロックフィッシュ谷の線路を見下ろす山腹にメディチ家風の夏の別荘を建てることにした。アパラチア山脈に、ローマのルネサンスがお目見えしたのだ。240ヘクタールの敷地に建つスワンナノワは、長いこと放置されてきたにもかかわらず、美しさを保っている

27

ホーベンウィープ城
米国ユタ州
ホーベンウィープ
国定公園

この石造りの建築物は12世紀ごろのもので、同時期のヨーロッパの城を彷彿させることから城と呼ばれているが、実際に何に使われていたかははっきりしていない。考古学者は、多くて500人ほどが住むプエブロ（集落）がここにあって、トウモロコシやカボチャ、マメを育てていたと考えている。ホーベンウィープのプエブロを築いた人々は、おそらく人口過密と気候変動による水不足が原因で、早々にこの地を去らざるを得なくなったようだ。スペイン商人やコンキスタドールが初めてこの地に足を踏み入れたのは、それからずいぶん後のことだ。

西ヨーロッパ

30

**ラーデンドルフ城
オーストリア、
ミステルバッハ**

ラーデンドルフ城の半開きの木戸が揺らいでいる。門をくぐり、伸び放題の草木に覆われた庭に足を踏み入れるよう、いざなっているようで、城が堅固な防衛施設だという常識を覆される。ここはフロイトの故郷であるだけに、本当の荒野は人間の心の中に存在し、外部からの危険など恐れるに足りないとでもいうのだろうか。

昔から西ヨーロッパの人々には、近代文明の発祥の地だという自負があり、植民地主義の時代には、西ヨーロッパの美意識や標準的な様式を世界中に持ちこもうとした。ここ数百年の西ヨーロッパの経済力と政治力を考えれば、その尺度があまねく世界に受け入れられるのも不思議ではない。

古代の神殿、中世の城、ルネサンス期の宮殿をはじめ、西ヨーロッパに端を発する多くの原型が、世界共通のものと考えられるようになってきた。西ヨーロッパの文明には搾取的で残酷な側面もあったが、よその世界からは羨望の眼差しを向けられていたのだ。アフリカやアジアに固有の建築様式がなかったわけではないが、先進的なものを求める建築家やパトロンが、例外なく、気づくと西ヨーロッパを模倣していた。もちろん北米も例外ではない。やがて西ヨーロッパをはるかに凌ぐリーダー的な存在となった米国だが、歴史が浅いことに引け目を感じているがゆえに、長い歴史のあるヨーロッパの様式がもてはやされた。

西洋文明は確かに古く、それを取り入れることで重みを与える一方、老朽化というイメージもつきまとう。実際、西ヨーロッパの衰退がかなり進んでいることは否めない。米国の作家エドガー・アラン・ポーの有名な小説『アッシャー家の崩壊』（1850年）では、「彫刻の施された天井」や「陰気なタペストリー」、「紋章入りのトロフィー」といった室内の描写がなされており、ヨーロッパの貴族の家が舞台だと思われる。終焉を迎え、「崩壊」する場所としてはうってつけだ。

28

ポッテンドルフ城
オーストリア、バーデン

丸いロマネスク様式のアーチ型の窓が、巨大
な壁の固さを際立たせているが、この建物は
抜け殻だ。古代の遺跡はみな、この矛盾した
二面性を突き付けてくる。12世紀に建てられ
たこの城も、悠久の時の流れに耐えながら、
朽ち続けてきた。とこしえのようではかない、
果てしなき無常の永遠の象徴だ。

29

エーベンフルト城
オーストリア、
ウィーナー・ノイシュタット＝ラント

この地に最初に建てられた中世の城は、1529
年にウィーンに行く途中でここを通ったオス
マン帝国軍に、完全に破壊された。後にバロッ
ク様式で再建され、20世紀初めの数十年、貴
族の家系のズットナー一家が住んでいた。

エーベンフルト城（内部）

ズットナー家が城を売却したのは 1970 年代の初めだが、実際にはその何年も前から住んではいなかった。その間、エーベンフルト城はほぼ空き家状態で放置され、破壊行為の被害にもあった。それでも一番上の写真の部屋は、がらんとはしているものの、漆喰細工の壁から往時の壮麗さを感じることができる。最近の所有者となった人々によって少しずつ修復が試みられ、その努力が実を結び始めている。上の写真の部屋はまだ乱雑な状態だが、贅を尽くした装飾が施されていたことは明らかで、昔はどれほどすばらしい部屋だったかは想像に難くない。

ラーデンドルフ城の中庭

壁にぽっかりとあいた窓は、野ざらしのどくろの眼窩のように空虚だが、それとは対照的に、中庭には草木が青々と生い茂っている。美しく、生命力に満ちた鮮やかな緑の茂みによって、この城の正面入り口の扉の間から覗き込んだ写真（50ページ）よりも、はるかに陽気な印象を受ける。この廃墟で自然が再生していることは、せめてもの救いだ。

ラーデンドルフ城の礼拝堂
オーストリア、ミステルバッハ

漆喰を覆うほこりや汚れも真実までは隠せない。建設から300年を経ても、ラーデンドルフ城の礼拝堂は目を見張るものがある。バロック様式の特徴は無残に消えかかっている。曲線を描く内陣手すりは薄汚れ、人造大理石の装飾壁は赤褐色に変わり、絵画があったはずの場所にはみすぼらしい窪みが残されているだけだ。上から陽光が差し込み、聖歌隊の席は朽ちかけている。それでもこの礼拝堂には厳粛な雰囲気が漂っている。現代的で公平な社会秩序への移行が必要だと分かっていても、この場所が過去のものになっていくことへの愁いを感じずにはいられない。往時には、どれほど贅を尽くした礼拝堂だったか、司祭や参列した貴族たちの装いで彩られた礼拝がどれほど華やかだったかが目に浮かぶようだ。

31

アブレ城
ベルギー、エノー州モンス

スペインが北海沿岸の低地帯を支配して
いた 16 世紀、アブレ城はドン・ファン・
デ・アウストリアに包囲されて戦いの舞
台となったが、ベルギー人が死守した。
17 世紀には近代風に改装され、シャトー
スタイルと呼ばれる田舎の大邸宅になっ
た。20 世紀の初めから空き家になり、伸
び放題の草木に取り囲まれている。

 ミランダ城
ベルギー、ナミュール州セル

このネオゴシック様式の石造りの建物は、1866年から1907年の間にリドケルク＝ボフォール家のために建てられた。それまで一家は、今もミランダ城から数キロの場所に建っているベーブ城に住んでいた。しかしベーブは典型的な中世の城で、所によっては高さ3メートルにもなる粗削りの壁があり、19世紀の貴族の家としては快適さと利便性に欠けていた。そこでイングランドの景観設計家エドワード・ミルナー（1819～84年）に委託し、近代的ではあるが、貴族の住居にふさわしい屋敷を建てさせた。ミルナーは文句なしのすばらしい仕事をした。やがて、第二次世界大戦の混乱の中、ベルギーが戦場となって一家は城から避難した。その後、城は国有鉄道のものとなり、子供たちの休暇のキャンプに使われた。1970年代から空き家となり、次第に朽ちていった。1990年代には廃墟巡りの人気スポットとなったが、2017年についに解体された。

ロヘンダール城
ベルギー、
リンブルフ州
シント＝トロイデン

地元の弁護士で、後にシント＝トロイデンの市長になったジャン＝アンリ・ポール・ユレンズ（1816～84年）が妻と住むために1881年に建てた邸宅。何不自由ない暮らしを実現した夢の屋敷には、贅沢な家具や華麗な装飾を施した礼拝堂も備えられていた。あまりに魅力的だったことが災いし、第二次世界大戦時にはドイツ人に奪われてしまった。ドイツ空軍の将校の宿泊施設に最適だと見なされ、周辺の緑地には飛行場が造られた。兵舎も急いで建てられた。1945年にはすべての施設がベルギー空軍のものとなり、1990年代まで管理されていたが、その後は放棄され、城は荒廃した。だが今でもまだ、見事な建物であることがわかる。塗装がはがれ、カーペットがほこりで覆われていても、建物全体の荘厳な雰囲気は変わらない。繊細で美しい装飾の名残もまだ見ることができる。

 34

ルミエール城
フランス、オー＝ラン、
サント・クロワ・オー・ミーヌ

1900年代の初めに、たばこ王モーリス・ビュリュ（1882～1959年）が建てたすばらしいネオ・バロック建築の別荘。死後に売却され、50年間は居住者がいた。しかし30室を超える広大な家の維持費は年々増大し、2010年から空き家になっている。そしてヨーロッパ中から廃墟マニアが次々と訪れ、朽ち行く建物に確かに漂う、特別で荘厳な雰囲気を体感していく。たいていの来訪者が、放棄された美しい建物を傷めないよう気を配っているため、建物は長い年月をかけて少しずつ、ゆっくりと風化の道を歩んでいる。表の通りからは、建物が放棄されているということはほとんど分からない。建物の内部でさえ、ちょっとほこりを払い、ペンキを塗りさえすれば、新しい建物に見えそうな場所もある。

35

グラン・オテル・ドゥ・ラ・フォレ
フランス、コルシカ島ビザボナ

ビザボナにそびえるモント・ドロのふもとの露頭を貫く鉄道トンネルが建設された際、非常に長期に及ぶ困難な事業だったことから、技術者や労働者の宿泊施設が建てられることになった。トンネルの工事が完了し、労働者が引き払うと、寝泊まりしていた村が残されたが、そこは青々と緑の茂るビバリオの丘に囲まれた、風光明媚な場所だった。裕福な外国人が、日常を離れ、コルシカ島の内陸部で羽を伸ばすのに最高の立地だ。そこで1893年にこの贅沢なホテルが建てられた。最盛期のグラン・オテル・ドゥ・ラ・フォレには、休日になると多くの富裕なイングランドの行楽客が足を運び、ビバリオ初のテニスコートで汗を流した。もちろん、そのテニスコートも今では草木に覆われている。戦後になると観光業が衰退し、1960年代にホテルは幕を閉じた。

放棄された病院、
ベーリッツ＝ハイル
シュテッテン
ドイツ、ベルリン近郊

もともと療養所だったが、後に軍や一般の病院として使われたベーリッツ＝ハイルシュテッテンは、様々な歴史を目撃してきた。収容された患者の中には、アドルフ・ヒトラー（第一次世界大戦の間、数週間、傷病兵として入院）のみならず、エーリッヒ・ホーネッカー（1912～94年）もいた。ドイツ民主共和国のリーダーだったホーネッカーは、自国の共産主義が完全に崩壊した後、肝臓がんのため数カ月間ここに入院していた。病院というただでさえ陰鬱な場所の空気を一層重苦しくする事柄だ。現在では病院自体がすっかり古び、末期的な状態になっている。

ラインハルツブルン城
ドイツ、
テューリンゲン州
フリードリッヒローダ

大修道院の後に役所と
なった建物を、1827 年
にザクセン＝コーブルク
＝ゴータ公エルンスト 1
世（1784 ～ 1844 年 ）
が別荘として再建した。
ビクトリア女王がエルン
ストの息子で夫のアル
バート公子とともに数回
訪れたものの、ラインハ
ルツブルンは概して時代
の潮流から取り残されて
いたようだ。

ラインハルツブルン城
ドイツ、
テューリンゲン州
フリードリッヒローダ

ラインハルツブルンは"ラプンツェルの城"としても知られている。おそらく美しいネオゴシック建築の塔が、乙女が髪を垂らすのにいかにもふさわしいからだ。(ただし、カッセルのトレンデルブルグにも、ラプンツェルの城を名乗る場所がある。実在のモデルについてグリム兄弟は言及していない)。塔を上らなくても、趣のある放棄された礼拝堂をのぞき込むと、おとぎ話の中のようなスリルを存分に味わうことができる。

38

プローラ
ドイツ、メクレンブルグ・フォアポンメルン州リューゲン

ヒトラー政権下のドイツでは、ありとあらゆる事が組織化されていた。模範的な労働者が取得できる休暇も、「歓喜力行団」という、喜びを通じて労働者の力を回復させることを目的とする党組織が管理していた。延々と続くこの一直線の浜辺のマンションは、一時は全長 4.5 キロにも及んでおり、今でも 3 キロが残っている。建物の一部はユース・ホステルとして現在も使用されており、退職者の住まいやリゾートマンションとして貸し出している箇所もあるが、大部分は使われていない。

 39

左上：
サルリッツァ・パレス・ホテル
ギリシャ、レスボス島テルミ

サルリッツァ・パレスは、テルミという地名の由来にもなった温泉を目的に訪れる国王や大富豪、名士たちの宿泊施設として、1909年に建てられた。第二次世界大戦とその後の政治危機によって上流階級の客が途絶え、その後もホテルがもとの姿を取り戻すことはなかった。学生のバックパッカーが訪れるようになったが、高級ホテルには縁遠い人ばかりだった。

 40

左下：
カステロ・ビベリ
ギリシャ、コルフ島ダシア

この鳥観写真のネオゴシック建築の邸宅は、屋根のらせん構造がややエッシャー風だが、左上と右下の小塔があることでバランスがとれている。1900年代にイタリアの提督によって建設され、その名を冠しているが、その人物については後の記録がない。このすばらしい邸宅があるのは、コルフ島でも指折りの美しいビーチからわずか700メートルの深い森の中だ。

 41

上：総督邸跡
ギリシャ、ロードス島
エレウサ

1911〜12年のイタリア＝トルコ戦争は歴史の記録に残るような英雄的な闘いではなかったが、崩壊寸前のオスマン帝国に対する勝利をイタリア王国にもたらした。その結果、ドデカネス諸島がイタリアのものとなった。ムッソリーニの率いるファシスト国家は、すべてを支配下に置く「新ローマ帝国」の建設に躍起になる中で、ドデカネス諸島の支配を強化し、この写真のようなイタリア風の建物が築かれた。

サンメッザーノ城
イタリア、トスカーナ州レッチョ

フェルディナンド・パンチャティーキ・シメネス（1813
〜97年）は、1605年にスペイン人の祖先がこの敷地
に築いた城をリノベーションしようと考えたようだ。当
時、ヨーロッパの文化人（政治家、エンジニア、建築家、
植物学者、出版者、思想家などで、彼も間違いなくそ
の一人）の間で流行し、彼自身も傾倒していた"東洋風"
の趣向を徹底的に取り入れた。アンダルシアやマグレ
ブの建物を連想させる派手な造りだが、クジャクの間
（左）の扇状ボールトはゴシック風だ。一方、エントラ
ンスホール（上）の馬蹄型のアーチと一面に施された
色とりどりのモザイクのタイルは、ほぼ間違いなくムー
ア風だ。

ハドリアヌスの別荘の「海の劇場」
イタリア、ラツィオ州ティボリ

ハドリアヌス帝（76～138年、在位117～38年）は首都の騒がしさや重圧から逃れるためにティボリにやって来た。それでも帝国のことが片時も頭から離れなかったようだ。この別荘はローマ帝国の縮図だったのだ。「海の劇場」と呼ばれている場所は、島が浮かぶ小さな海を模している。ハドリアヌスはこの島に、穏やかに過ごせる自分の居場所を作った。

83

ハドリアヌスの別荘の「カノプス」
イタリア、ラツィオ州ティボリ

ハドリアヌスが何と言っていたかはさておき、この別荘の庭はローマ帝国の地図のようなもので、実在した場所と一致する部分もある。その一つがこのカノプスだ。エジプトの都市カノプスは、オシリスと複数のギリシャ・ローマの神が合体したセラピスを祀る神殿があることで知られていた。当時のローマ帝国では、セラピス信仰が広まっていた。水はナイル川を、遥か向こうの端の洞窟は神殿セラペウムを表現している。

ヴィラ・スベルトーリ
イタリア、トスカーナ州ピストイア

先駆的な精神科医のアゴスティノ・スベルトーリ（1827〜98年）は、1868年にこの療養所を建てた。今ではかなりみすぼらしくなってしまったが、非常に美しい建物であることに変わりはない。スベルトーリは当初、患者の家のような療養所を目指していたが、すぐに患者がヨーロッパ中から集まってきたため収容しきれなくなり、規模を村のように拡大せざるを得なくなった。いかにも病院という雰囲気にならないよう、できる限りの工夫を凝らした。

 45

**放棄された宮殿に続く
階段
イタリア、ウンブリア州
スポレト**

栄華が過ぎ去った建物のほこりっぽい乾ききった光景が、人が造ったあらゆるもののはかなさを物語っている。だが同時に、華麗な建物が朽ちゆくときの特別な魅力も醸し出している。山腹の崩れかかっている階段が、この宮殿が雅やかにきらめき、活気にあふれていた過去の甘美な世界に我々をいざなっているようだ。

 46

上：「ごみ王」の宮殿
ポルトガル、バレイロ、コイナ

タホ川沿いのリスボンの対岸に位置
するコイナはかつて、「ごみ王」が牛
耳っていた領域の中心地として繁栄
した。ごみ王ことマヌエル・マルティ
ンス・ゴメス（1860 〜 1943 年）は、
1890 年代にここに巨大な養豚場を
設立した。餌はリスボンで出る残飯
で、小さな船団で海峡を渡り、輸送
していた。何かと物議を醸す、厄介
な人物だったゴメスは、やくざ者で、
歯に衣着せぬ物言いをする不信心者
のようではあったが、重要な公共の
福祉事業に資金を提供するような一
面もあった。皮肉なことに、"ごみ王"
の所有していた不動産はすべて打ち
捨てられている。

 47

右：ドナ・シカの城
ポルトガル、ブラガ、パルメイラ

ブラジル生まれのドナ・シカことフ
ランシスカ・ペイショト・レゴ（1895
〜 1958 年）は、パルメイラの地主
の妻だった。スイスの建築家エルン
スト・コロディ（1870 〜 1944 年）は、
ドナ・シカの名声と美しさにふさわ
しい家の建築を依頼された。贅を尽
くしたロマンチックな屋敷は、結婚
を記念するものだったが、残念な結
末が待っていた。1919 年に夫婦は
離婚し、建設は頓挫したのだ。建設
の再開が何度か試みられたが、資金
や行政上の問題で実現に至らず、ド
ナ・シカの城は今に至るまで放棄さ
れたままになっている。

 48

ゴルデフエラ・ウォーター・エレベーター
**スペイン、カナリア諸島
テネリフェ島
ロス・レアレホス**

このウォーター・エレベーターは海を見下ろす切り立った崖という立地ながら、ゴルデフエラ・スプリングスの真水を遥か上の山腹の貯水池にくみ上げていた。ロス・レアレホス初の蒸気エンジンによって稼働し、2キロのパイプラインで輸送した湧水を水道橋と水路によって島のバナナ農園に供給していた。1904年に開通して以降、滞りなく稼働していたが、カリブから安い果物が入ってくるようになると、高額な地元の果物は売れなくなり、わずか15年で閉鎖された。

49

荒廃した城
スペイン、アンダルシア州コルドバ

落日と刈り株。遠い昔の、騎士道の価値観である中世のヒロイ
ズムの美しい象徴を眺めるのに、うってつけの物悲しい情景だ。
スペインの田園地方には崩壊した城が点在している。かつてキリ
スト教の王国は、イスラム教徒のムーア人に奪われた領土を取
り返すために、何百年もレコンキスタと呼ばれる戦いを続けた。
この城のような足跡は 2500 カ所以上確認されており、それ以
外にも数千カ所はあったと考えられている。それなのに、ヨーロッ
パの他の国と同様、19 世紀のスペインの野暮な地主たちは、もっ
と多くの廃墟が必要だとでも思ったようだ。こんな場所に派手な
"城" を建てるとは、愚かとしか言いようがない。

50

サンダーソン城
アイルランド、キャバン州
ベルターベット

サンダーソン城の最寄りの町はアイルランド共和国側にあるが、敷地は北アイルランドとの国境をまたいでいる。城自体は北アイルランドのファーマナ州に建っており、代々、アルスター統一党の熱烈な支持者だったサンダーソン一家の居所としてふさわしい立地だった。1840年に建てられ、1970年代に売却された。改装される予定だったが、度重なる火事で内部が焼失したまま放置された。現在は、敷地内に国際ボーイスカウトセンターが建てられている。

51
ダケズ・グローブ
アイルランド、カーロウ

ダケズ・グローブと呼ばれる
この大きな"家"の敷地は、
19世紀の半ばには5州にま
たがるほど広大だった。富の
象徴であると同時に、アイル
ランドにおけるイングランド
人の優位性を誇示するもので
もあった。ダケット一族はこ
こに17世紀から住んでいた
が、この家が建てられたのは
1830年のことだ。20世紀初
頭になると一族の血は絶え、
大きく歴史が動く中、1921
年には無人となっていた建物
がIRAの地方支部の基地とし
て使われるようになった。

52
ブキャナン城
英国スコットランド、
スターリング、ドライメン

モントローズ公爵の称号を
代々受け継いでいるグラハム
家は、19世紀半ばに立派な
城館風の邸宅を建てた。古く
からの名門だった一族が、将
来にわたって住み続ける予定
だった。グラハム家は存続し
ているものの、ブキャナン城
は1920年代以降、一族の歴
史から消えた。現代の貴族が
維持するにはあまりに広く、
費用も馬鹿にならないのだ。
半世紀前から空き家となって
おり、ゆっくりと自然に同化
されつつある。

53

バロン・ヒル・ハウス
英国ウェールズ、
アングルシー島
ボーマリス

1600年代に建てられ、
バークリー子爵の住居
だったバロン・ヒルは、
1770年代にネオ・パラ
ディアン様式で再建さ
れ、広大な庭と美しい公
園に囲まれていた。1920
年代には放棄され、数十
年が経つうちに地面には
草木が生い茂り、しだい
に建物自体も緑に覆われ
た。長年にわたり人の手
が入らなかったため、森
は我が物顔で繁茂し、現
在では科学者が特別な関
心を寄せる場所になって
いる。

シークリフ・ハウス
**英国スコットランド、
イースト・ロージアン、
ノース・バーウィック**

1841 年にデビッド・ブライス（1803 ～ 76 年）が設計した、スコティッシュ・バロニアル様式の邸宅。建設から数年後にジョン・ワトソン・レイドレイ（1808 ～ 85 年）が購入している。家族がインドで農園経営と工業を手掛けていたことから経済的に潤い、彼自身はベンガルで勉学と研究に励んで教養を身に着け、重要な東洋学者として認められた。息子が家を受け継いだが、1907 年に火事になり、命を落とすという悲劇に見舞われる。屋根と建具類は完全に消失し、建物内は何もないが、石の壁と小塔や煙突はそのまま残った。

左上：廃墟の門
英国ロンドン、ハムステッド、
ビショップス・アベニュー

数十年にわたり、ロンドンでの
不動産取引が高い利益を生んで
きたため、家は資産と見なされ
るようになったが、その価格は
現実の有用性とはそれほど関係
ない。ハムステッドで大人気の
ビショップス・アベニューの家々
は、英国の大都市の中でもずば
抜けた天文学的な価格となって
いるが、実際に入居する購入者
はめったにいない。

左下：古びた家
英国ロンドン、ハムステッド、
ビショップス・アベニュー

ビショップス・アベニューの家
を買う条件は、桁外れの大金持
ちで、とんでもなく恵まれた暮
らしぶりであること、そして実
際にそこに住むような時間や意
思がないことだ。ロンドンの
"億万長者街"では、定住者の
いる家はごくわずかだと言われ
ている。空き家の状態が数年続
いた後、そのまま放棄される物
件も多い。

上：「ロングドライブ」
英国ロンドン、ハムステッド、
ビショップス・アベニュー

購入者は、300万ポンドもする
"理想の家"が気に入らなかった
のか、一度も入居しなかった。
空き家のまま放置していたとこ
ろ、ついに2009年、現代の英
国の経済と社会秩序が不公平だ
と抗議する人々によって不法占
拠された。

東ヨーロッパ

76
ムロムツェボ城
ロシア、ウラジーミル州
スドグダ

並外れたこの屋敷は、1880年代にフランスびいきの騎兵大佐によって建てられた。噂によると、フランスで城住まいの貴族たちに招かれたおりに、自国でも見劣りしない城が建てられると力説していたようだ。真偽のほどは不明だが、この話から、西ヨーロッパの発展に圧倒された東ヨーロッパの人々が、文化的なコンプレックスを抱いていたということが伝わってくる。

作家で編集者のマイケル・コルダ（1933年～）は、「東ヨーロッパでは、過去はいつも現代の近くにとどまっているどころか、過ぎ去ってすらいない。まるで、檻に入れられた邪悪な獣のように、あらゆる脅威をもって戻ってこようと、逃げ出す隙を窺っている」と指摘した。悲観的すぎるかもしれないが、これまでこの地域が見てきた抑圧と戦争の歴史を考えれば、あながち間違っていない気もする。

地域に大きな影響を与えたのは、言うまでもなく共産主義政権だ。1917年にロシアで誕生し、第二次世界大戦後は東ヨーロッパ各国に広まった。社会主義の政策の中では、宮殿などというものは考えることさえ問題視された。富や地位という概念は共産主義政権とは根本的に相容れなかったのだ。

また、各国の政府は、古い制度を廃止し、過去を一掃するという、荒々しい大きな変化が必要なのだという革命的な理念に執着していた。

そして、臆面もなく権威を振りかざし、ひどく粗暴な建設計画を推し進めることも多々あった。

同時に、マルクス主義の歴史観に傾倒していても、自国の建築遺産に関しては西ヨーロッパの国々よりも敬意を払っていたケースもある。そういうわけで、東ヨーロッパの宮殿の廃墟の場合は、様々な状態のものが混在している。ただ、どんな状態であっても、外観の壮麗さや詩的な美しさは失われていない。

**放棄されたホテル
アブハジア、ガグラ**

かつては「コーカサスのリビエラ」と呼ばれた観光地の一部だったが、何十年も続く政情不安によって観光業は痛手を受けた。亜熱帯の温暖な気候に恵まれ、美しい景色を誇ったガグラの海辺のリゾートは、ロシア帝国の時代から名立たる保養地だった。だが客が来なければ、ホテルは立ちゆかない。もはや無人となったこのホテルも、かつての良き時代を物語るばかりだ。

左上：放棄された屋敷
アブハジア、スフミ

アブハジアの独立や帰属については、長年にわたって激しい論争が続いてきた。ジョージア政府は、一貫して自国に属すると主張している。だがアブハジアは、保護を理由に実効支配をもくろむロシアの支援を得て、自治権を主張してきた。アブハジアは地政学的に難しい位置にあるようだ。先行き不透明な状況が長く続いて社会は不安定になり、抜け殻に近い状態になってしまった。この家のように、住民たちがどこへともなく消えてしまったのだ。

左下：ディリ・カラ
アゼルバイジャン、シャキ

アゼルバイジャン北西部のシャキの丘の上に、高級ホテルになる予定だった城のような建物がある。大金が投じられたが、完成を見ることなく放棄され、無用の長物となってしまった。それでも城壁の銃眼から見下ろした都市の広大な眺望は見事で、これ自体が観光客の呼び物になっている。

上：ルジャニ宮殿
ベラルーシ、プルジャニ地区

地元の有力者アレクサンドル・ミハル・サピエハ（1730〜93年）は、ベラルーシがポーランド・リトアニア共和国に属していた1780年代にこの新古典主義建築の宮殿を建てた。ただの貴族ではなく政治家としても重要な地位にあったサピエハは、権力を手にして少々慢心していたのかもしれない。宮殿は傲慢さがにじむような大掛かりなものだった。劇場やオレンジ栽培用のガラス張りの温室があり、広大な緑地庭園に囲まれていた。1914年、宮殿は焼失した。

62

昔の領主の館
ベラルーシ、ベトカ、ハリチ

ベラルーシの奥地でこんな建物が目の前に現れたら驚く
が、かつては今よりもはるかに壮麗だったはずだ。郷土
愛と地主の誇りが詰まっていた美しい建物も、時の流れ
に逆らうことはできず、風化の一途をたどっている。

 63

**上（2点とも）：ペンチョ・セモフ邸
ブルガリア、ガブロボ**

ペンチョ・セモフ（1873 ～ 1945 年）はガブ
ロボの貧しい家庭に生まれたが、やがて成功
し、「ブルガリアのロックフェラー」と呼ばれ
るまでになった。毛織物業で財を成し、18 も
の工場を所有、三つの銀行を設立し、慈善家
としても知られた。故郷には広大で美しい自
宅が残っているが、着実に荒廃が進んでいる。

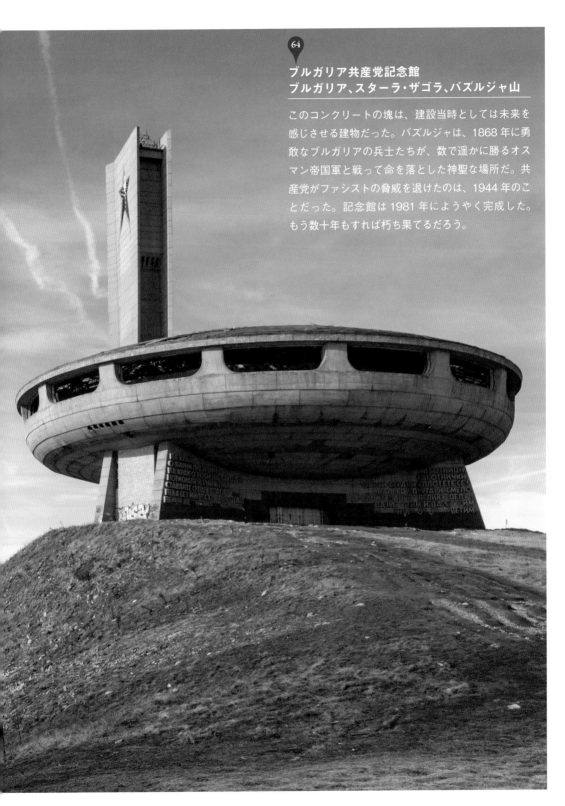

64

ブルガリア共産党記念館
ブルガリア、スターラ・ザゴラ、バズルジャ山

このコンクリートの塊は、建設当時としては未来を感じさせる建物だった。バズルジャは、1868年に勇敢なブルガリアの兵士たちが、数で遥かに勝るオスマン帝国軍と戦って命を落とした神聖な場所だ。共産党がファシストの脅威を退けたのは、1944年のことだった。記念館は1981年にようやく完成した。もう数十年もすれば朽ち果てるだろう。

65

放棄された住宅
アブハジア、スフミ

戦争被害というのは、砲弾の飛来や爆弾の投下、機関
銃の連射などで受ける損傷がすべてではない。1990年
代にアブハジアの首都は、そんな戦争の惨禍に見舞わ
れることになった。かつて美しかったこの民家のように、
裕福な所有者が立ち去り、朽ちゆくまま放置されてい
る建物が数多く存在する。

66

スメツキー公の宮殿（外観）
アブハジア、グルリプシ

ニコライ・スメツキー（1852
～1931年）は、妻が結核と診
断されたため、1890年代にモ
スクワからここに移り住んだ。
そして数年のうちに、景色の美
しいこの土地に、すばらしい設
備の整った宮殿のような療養所
を次々と建てた（スメツキーは
亜熱帯地域の様々な木々に特別
な関心を寄せていた）。

66

スメツキー公の宮殿（階段）

1917年以降、スメツキー公の
療養所はソ連に接収され、高官
専用の治療施設として使われ
た。ソ連崩壊後はジョージア当
局の管理下に置かれたが、1990
年代のアブハジア紛争でひどく
損傷を受けて以来、廃墟となっ
ている。

クレムジール城
ハンガリー、バルチュ、ベルチャプスタ

地元の実業家でベルチャプスタに工場と蒸留酒製造所を所有していたモール・クレムジールが、1880年代に自分のために建てたネオ・ルネサンス様式の宮殿。廃墟となっても圧倒されるような建物を見ると、こんな小さな田舎町でも、成功を収めた19世紀の企業家が非常に優雅な暮らしをしていたことがうかがえる（バルチュはハンガリー南西部の端にあるクロアチアとの国境に近い地域）。

放棄された家
ラトビア、ドベレ

ドベレには、ドイツ騎士
団の分団だったリボニア
騎士団のメンバーが中世
に建てた城の遺跡が
あり、観光の目玉となって
いる。だが、町のはずれ
にある、この放棄された
暗い木造の別荘も、独特
の雰囲気を漂わせ、畏怖
の念さえ抱かせそうだ。
整然とした直線状の造
り、洒落た玄関ポーチ、
装飾の施された窓など、
いまだに大部分が残って
いる。往時はとても美し
い住まいだったに違いな
い。

左と上：シュムスカスの館
リトアニア、ビルニュス、シュムスカス

窓の横板の隙間から差し込む陽光が、室内全体の陰鬱な雰囲気をますます強調している（左）。床は汚れ、装飾はくすんだ台地の色になって、もはや見る影もない。19世紀の邸宅というよりは、洞窟の中のようだ。住人がいたときには洒落た特徴だったはずの円形に張り出した造りも、そんな印象を強めている。外観（上）を見ても、老朽化がひどく、降り積もった雪と見まごうような白いペンキが剥がれ落ちている。

70

「ジプシー・ヒル」の放棄された家 モルドバ、ソロカ

ロマの人々はどこへ行っても忌み嫌われるが、モルドバでも例外ではなく、犯罪者の集団のような扱いを受けてきた。ここ数十年は、財力にものを言わせて派手な暮らしをしていると、辛辣な批判を受けることも多い。ソロカのジプシー・ヒルと呼ばれる場所には、成功したロマが建てた成金趣味の豪邸が立ち並ぶ。この住宅街の他には、これといって何もない場所だ。財力が尽きたり、他に家を建てたりして放棄され、未完成のままの大邸宅も散見する。

ボシュクフ宮殿
ポーランド、下シレジア、クウォツコ郡

この壮麗な宮殿は、1780年代にアントン・アレクサンダー・フォン・マグニス伯爵（1751～1817年）によって、16世紀の中心地のあたりに建てられた。城郭風の外観（左）は確かに堂々としているが、比較的上品だ。重厚な手すりのある広々とした階段や美しい円柱といった贅沢な内装は、アントンの子孫のヴィルヘルム（1828～88年）によるものだ。1870年代に大々的な改装を行い、木彫りの調度品や漆喰の天井に惜しみなく財を投じた。

戦後のポーランドでは政府の始動が遅く、建物は数年間放置されたが、1950年代にある程度修復されて学校になった。しかし近年、再び放棄され、荒廃が進みつつある。

 72

ワパリツェ城
ポーランド、ポメラニア、カルトゥジ

この中世風の城は、意外にも1979年の建築物だ。地元のアーティストがスタジオのつもりで建てたのだが、意気込みすぎて、実用的とは言いがたい、おとぎ話の要塞のような建物になってしまった。後から考えれば、常軌を逸している感は否めないものの、とてつもなく現実離れしたものを建てた気持ちは、理解できないでもない。この当時は、ポーランド人が新教皇になったことで、人々は長く輝かしい共産主義以前の時代に思いを馳せていた。そして近くのグダニスクでは、造船所労働者が「連帯」と呼ばれる労働争議を起こし、民主主義の歴史を刻んでいたのだ。もちろん"城主"の財力はあっという間に尽きてワパリツェ城は放置された。破壊行為にさらされる一方、世界中の廃墟好きの人気スポットになっている。

73

ソバニスキ宮殿
ポーランド、マゾフシェ、グーズフ

フェリクス・ソバニスキ（1833～1913年）は由緒ある高貴な家の出だが、その起源はこの場所の南西にあたるボジーリャという現在のウクライナの一部にあった。1850年代に競売でグーズフの土地を手に入れると、建築家ワディスラフ・ヒルゼル（1831～89年）に依頼し、古い館を立派な当世風の屋敷に建て直した。非常にすばらしいフランスの城館風の邸宅が建ったが、第一次世界大戦の前線に当たってしまった上、共産主義政権の時代にはあまり手入れをされなかった。今はソバニスキ家が取り戻し、いずれまた住みたいと考えている。写真の足場を見ればわかる通り、屋敷は修復工事中だ。

ダーチャ・クビトコ
ロシア、
クラスノダール地方
ソチ

城のような派手な建物が建っているのは、ソチのすぐ南に当たる黒海沿岸の通り沿いだ。20世紀になる頃、亜熱帯の沿岸リゾートとしてこのエリアの開発が始まった当初に建てられた。ソ連の時代になっても寂れはしなかったが、新しい美的感覚（近代的、構成主義など）と社会的な色彩（役人、労働者向けなど）が加えられた。スターリンの時代には、兵舎のような大きなホテルが次々建てられ、リゾート地のホテルというよりは、ヒトラーのプローラ（76～77ページ）に酷似していた。ダーチャ・クビトコには特別な魅力があり、恋物語や異国情緒あふれる海岸、そしてロシアの退屈な日常を逃れ多くの世代が観光に訪れていたこと思い起こさせる。

ファベルジェ農場
ロシア、サンクトペテルブルク、レバショボ

この美しい廃屋は、高名な金属細工職人で皇帝御
用達の宝石商でもあったピーター・カール・ファ
ベルジェ（1846 ～ 1920 年）の夏の別荘だった。
1900 年にサンクトペテルブルクの約 20 キロ北に
あるこの別荘を建てたが、数年後に息子のアガト
ン（1876 ～ 1951 年）に譲り渡した。1917 年の
革命後には、一家で国外に逃亡した。当然、別荘
は泥棒や解放者と名乗るような人々の標的となり、
建具類は手当たりしだいに剥ぎ取られてしまった。
そんな破壊行為があったものの、建物自体の主要
部分は残された。朽ちてもなお、本当に神秘的な
雰囲気が漂っている。

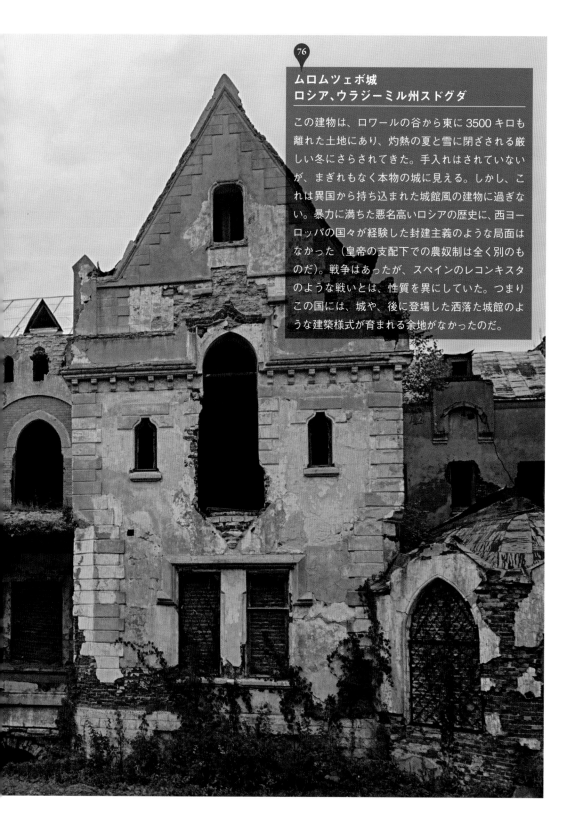

76

ムロムツェボ城
ロシア、ウラジーミル州スドグダ

この建物は、ロワールの谷から東に3500キロも
離れた土地にあり、灼熱の夏と雪に閉ざされる厳
しい冬にさらされてきた。手入れはされていない
が、まぎれもなく本物の城に見える。しかし、こ
れは異国から持ち込まれた城館風の建物に過ぎな
い。暴力に満ちた悪名高いロシアの歴史に、西ヨー
ロッパの国々が経験した封建主義のような局面は
なかった（皇帝の支配下での農奴制は全く別のも
のだ）。戦争はあったが、スペインのレコンキスタ
のような戦いとは、性質を異にしていた。つまり
この国には、城や、後に登場した洒落た城館のよ
うな建築様式が育まれる余地がなかったのだ。

 77

左上：プーシチノの館
ロシア、モスクワ州
セルプホフ

ナーラ川がオカ川に合流する地点に建つ18世紀のこの館には、名門のビャーゼムスキー一家が代々住んでいた。20世紀の初めには、モスクワのミスニツカヤ通りでロシア屈指の紅茶店を営んでいたS. V. ペルロフに売却された。ペルロフは、紅茶店の建物は中国式の凝った造りにしていたが、田舎の自宅は伝統的な新古典主義様式でありながら、華やかさもある建物を選んだ。

 78

左下：文化宮殿
ロシア、ボロネジ

もちろんソ連の社会に貴族はいなかった。任命された共産党の役人「ノーメンクラトゥーラ」（ラテン語の「名簿」に由来）が独自のエリート層を構成していたが、それも一般には知られていなかった。当然、宮殿のような建物は存在するはずもなかったが、例外的に、人民に高尚な暮らしが約束されていることをアピールするために立派な施設が造られ、リサイタルや夜間学校を始め様々な"文化的"活動が行われた。

 79

上：放棄された屋敷
ロシア、リャザン州
サーソボ

ここは、殺風景という言葉がぴったり当てはまるロシア西部の町の一つにすぎないが、一瞬はっとさせるようなこの建物が、総じて単調な風景に彩りを加えている。上部が尖ったオジーブ型の窓は、レンガと石の建物にゴシック建築風の印象を与えているものの、全体としては様々な様式を取り入れた華やかな建物だ。

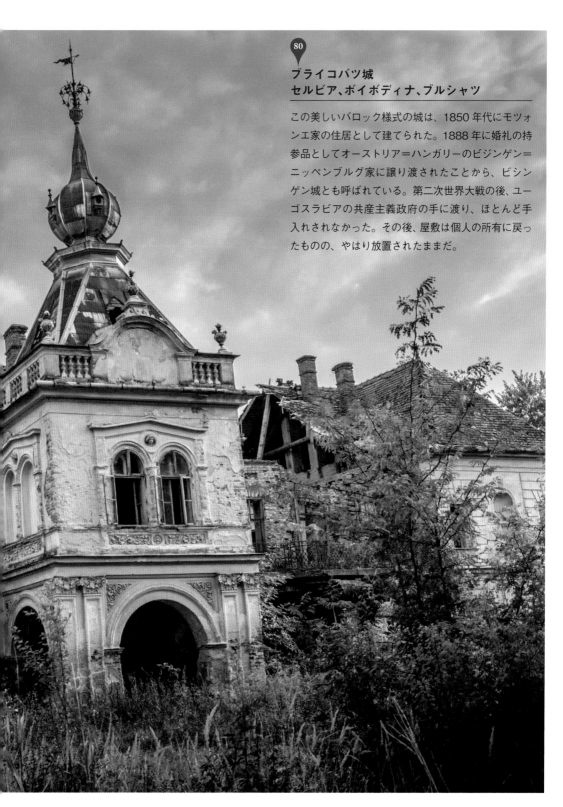

80

ブライコバツ城
セルビア、ボイボディナ、ブルシャツ

この美しいバロック様式の城は、1850年代にモツォ
ンエ家の住居として建てられた。1888年に婚礼の持
参品としてオーストリア=ハンガリーのビジンゲン=
ニッペンブルグ家に譲り渡されたことから、ビシン
ゲン城とも呼ばれている。第二次世界大戦の後、ユー
ゴスラビアの共産主義政府の手に渡り、ほとんど手
入れされなかった。その後、屋敷は個人の所有に戻っ
たものの、やはり放置されたままだ。

 81

左：放棄された温泉施設
スロバキア、ジリナ、クネラッド

この温泉療養施設は、崩壊寸前の様
相を呈している。屋根はぼろぼろで、
外壁の塗装もほとんどはがれている。
スロバキアには、正式に登録された
鉱泉が1300カ所も存在し、20以
上の町が温泉地と名乗っている。19
世紀の終わりと20世紀の初めに流
行した湯治は、中央ヨーロッパでは
特に盛んだったが、それでも徐々に
衰退していった。

 82

上：スパイサー城
セルビア、南バチュカ、ベオチン

ベオチンにセメント工場を所有して
いたドイツ人のスパイサー家が
1898年にこの屋敷を建てた。広大
な敷地に建つ屋敷を設計したのはイ
ムレ・シュタインドル（1839～
1902年）。ブダペストのハンガリー
国会議事堂設計コンペで勝利を手に
した直後のことだ。スパイサー城に
は国会議事堂と同じゴシック・リバ
イバル建築の特徴も確かに見られる
が、ロマネスク、ルネサンス、そし
てバロック建築など、色々な様式が
取り込まれている。

83

ピドヒルツィ宮殿
ウクライナ、リビウ、ピドヒルツィ

この壮大な屋敷は、有名なポーランドの
軍事司令官であり王家の相談役でもあっ
たスタニスワフ・コニェツポルスキ（1591
〜 1646 年）のために、1630 年代に建
てられた。第一次世界大戦時に略奪や破
壊の被害にあったものの、その後も療養
所として残っていたが、1950 年代の火
災により甚大な損傷を受けた。ウクライ
ナが独立してからは国立美術館の所有と
なっているが、財源がないために修復は
されていない。

 84

上：放棄されたホテル
ウクライナ、イバーノ＝フランキーウシク州
ヤレムチェ

二度の世界大戦のはざまの時代、ポーランドの一部
だったカルパチア山脈東部のこの地域は、観光地と
して栄えた。ソ連の時代にも観光業は続いていたが、
国の方針が変わり、このような小さな民間のホテル
は新たに出現した大規模なリゾートホテルに取って
代わられた。

 85

右：レイの館
ウクライナ、イバーノ＝フランキーウシク州
プリョゼルネ

地元の地主で伯爵夫人のウィルヘルミナ・レイ（1849
〜1907年）は、1880年代に壮大なネオバロック建
築の館を18世紀からの屋敷があった敷地に建てた。
第二次世界大戦がはじまると、住んでいた孫息子は
家族を連れて海外に逃げた。ソ連の統治下では精神
病院として使われ、独立後しばらくは女子修道院と
なっていたが、ここ数年は空き家のまま放置されて
いる。

シャロウスキー宮殿
ウクライナ、ハルキウ州
シャロウカ

レオポルト・ケーニヒ（1821
～1903年）は1870年代に
この途方もない宮殿を建て
た。貧しいドイツ人移民の息
子だったが、独力で百万長者
となり、ロシアの"砂糖王"
と呼ばれた。テンサイから砂
糖を作る過程の工業化を進
め、広大な砂糖の精製工場を
近くのトロスティアネツに設
立したのだ。

87
ナルイシキン屋敷
ロシア、リャザン州
ビコボ

「この世に死体ほど頑固なものはない」とロシアの作家アレクサンドル・ゲルツェン（1812 ～ 70年）は言った。「打つことができ、ばらばらにすることもできるが、説得することは不可能だ」。19世紀のロシアにおける死にまつわる記述には誇張があるかもしれないが、経済、社会そして学問において著しく活気が失われたこと、帝政が決して変化を受け入れない頑なな体制だったことには、議論の余地がない。そしてかつてはロシア屈指の高名な一族の住居だった地方の廃墟を見ていると、革命や戦争がこの地に甚大な影響を与えたのは確かだが、そういった壮大な出来事に目を向けるまでもないように思われる。暴動によって覆るずっと前から、崩れ落ち、倒壊寸前のこの屋敷のように、国の内部で腐敗が進行していたのだ。

 パンケイエフ邸
ウクライナ、オデッサ州バシリブカ

1885年、パンケイエフ家は1830年代にドゥビエツキー家が建てた立派な館を購入した。その翌年誕生した息子のセルゲイ（1886〜1979年）は、後にジークムント・フロイトの最も有名な患者となり、"狼男"と呼ばれる。狼男という呼称は、子供時代の夢に由来する。うつ病のセルゲイが、夢の中で"目を覚ます"と、窓の外に何頭かのオオカミが木に座っているのを見たという。フロイトは、セルゲイが両親のセックスを目撃したトラウマに対処するために見た夢だったと言っているが、今となっては決め手を書く説明のように思える。セルゲイは、（この写真のように広大な）ウクライナの貴族の家では寝室がきちんと分けられており、そもそもそんなことは起りえないと主張したが、精神分析学の父はその主張を払いのけた。またパンケイエフは、フロイトが精神分析に一つの夢を過度に利用していると感じていたようだが、それも見当はずれではないように思える。それにもかかわらず、このバシリブカの"狼男"はフロイトの代表的な症例として語り継がれることになった。

荒廃した建物
ウクライナ、ハリコフ

廃墟となった今でも、宮殿とも工場ともつかない、この建築物のちぐはぐな印象が薄れることはない。（背景に写っている）主要部分は、明らかに宮殿のような造りだが、四角い従属部分は、どう見ても実用重視の建物だ。ゴシック風の小さなアーチの装飾帯があるエンタブラチュア（柱の上の水平部分）や、上に並ぶ小塔で懸命にごまかそうとしているが、功を奏していない。民族調の伝統的な窓は、ある程度は優雅な雰囲気を醸し出しているものの、木造部分のみすぼらしさで台無しになっている。もっとましな建物にふさわしい窓だ。立派な建物を築きたいという思いと、現実の世界の制約のジレンマが見て取れるこの廃墟には、何とも言えない哀愁が漂っている。

アフリカと中東

90

**レフ・トロツキー邸
トルコ、ブユカダ島**

スターリン政権下のソ連から国外追放されたレフ・トロツキー（1879 〜 1940 年）は、マルマラ海に浮かぶこの美しい島で 2 番目の妻ナタリア・セドワ（1882 〜 1962 年）と共に 4 年間を過ごしたが、今度はトルコから退去を命じられた。二人は 1850 年に建設されたこの家で、トルコでの最後の年を過ごした。

　最近の科学的見解によると、アフリカはすべての人類の発祥の地だ。一方、中東は"文明のゆりかご"と呼ばれている。いずれの地域も、7 世紀以降のアラブ世界の拡大の影響を大いに受けることになった。19 世紀から 20 世紀初頭には、ヨーロッパによる植民地支配の対象となり、その後も数十年にわたって余波に苦しんだ。本書が光を当てているのは、壮大なギリシャの遺跡や輝かしいローマの遺構、壮麗な中世ヨーロッパの足跡といった、たびたび取り上げられてきた場所ではない。歴史の後流の中に取り残された場所を象徴するような廃墟を、知的な視点で探究し、どちらかといえば平凡で重要性の低い建物が図らずも獲得した、ある種の荘厳さに美的な関心を寄せている。そしてグレート・ジンバブエのような古代アフリカの栄華や、もっと昔のヌビア、シュメール、バビロンの文明、ファラオの墓や神殿といった遺跡は脇に置き、壮大さではかなわなくても、得も言われぬ雰囲気を醸し出している廃墟を探訪しよう。それらは全般的に、アフリカや中東の黎明期の文明ではなく、現代に受け継がれてきた、様々な要素が入り混じった近代のアフリカを象徴している。

上：植民地時代の屋敷
アンゴラ、ムクイオ

ポルトガル人の植民者に
よって建設され、現在は
放棄されているこのピン
ク色の屋敷は、砂漠や隣
にある小さな漁村の風景
の中で、ひときわ目立っ
ている。1484年にディ
オゴ・カンが初めて訪れ
て以来、ポルトガル人は
アンゴラにとどまり、
1970年代にようやく引
き上げた。たいてい、暮
らしやすいとは言いがた
い内陸部の奥深くまでは
進出しなかった。

右：ベレンゴ宮殿
中央アフリカ共和国
ボバンギ

ボバンギは何の変哲もな
い村だが、中央アフリカ
共和国の建国の父バルテ
レミー・ボガンダ（1910
～59年）や、クーデター
で政権を奪って大統領と
なり、皇帝を自称したジャ
ン＝ベデル・ボカサ
（1921～96年）の生誕
の地だった。ボカサはこ
こを国の行政の中心地に
するつもりで、自分の宮
殿を建設した。

ベレンゴ宮殿

ボカサは反逆者をプールで飼っていたワニの餌にしていたと言われていた。人肉を食べているという噂もあった。ボカサの恐怖政治による犠牲者の数は判明していないが、何千人にも上ると推定される。その中には多くの子供も含まれていた。暴虐の限りを尽くした挙句、鉱物資源の豊かな国を破綻に追い込んだ。

**左：ンゼケレ・モーテルの
マリー＝アントワネット・モブツの墓
コンゴ民主共和国グバドリット**

ここに眠っているのは、かつてのザイール共和国の
モブツ・セセ・セコ大統領（1930 〜 97 年）のファー
ストレディ、マリー＝アントワネットだ。1977 年に
36 歳の若さで世を去ったが、モブツの 21 人の子供
のうち最多の 9 人を産んでいる。墓はモブツが建て
たモーテル内にあり、現在では放棄されてはいるが、
まだモブツの子孫が所有しているようだ。

**上：大統領宮殿
コンゴ民主共和国グバドリット**

モブツは怪物だったが、米国とベルギーは、急進左
派の反乱勢力であるパトリス・ルムンバよりは都合
が良いとみて援護した。モブツは自らの威光を示す
ため、豪奢な宮殿と公共の建築物を築き上げたが、
その際に国庫より 1500 万米ドルを使い込んだと言
われている。

95
放棄された建物
コートジボワール、
グラン・バッサム

この建物は、かつては立派で美しかったに違いないが、今では自然の力にさらされ、石造りの外壁に低木がはびこっている。植民地だった時代、グラン・バッサムは数十年にわたって首都として繁栄したが、1890年代に黄熱病が流行、首都は今のアビジャンの近郊にあるバンジェビルに移された。港湾都市としては20世紀になっても細々と機能していたが、やがて急激に衰退し、1960年代までに事実上放棄された。

96

アンパン男爵宮殿（バロン宮殿）
エジプト、カイロ

フランスのベル・エポックの時代にはオリエンタリズムが花開いた。そんな中、ベルギーの銀行家兼実業家でアマチュアのエジプト研究家でもあるエドゥアール・アンパン男爵（1852 ～ 1929 年）にカイロの屋敷の設計を依頼されたアレクサンドル・マルセル（1860 ～ 1928 年）は、東洋趣味にとことんこだわった。いかにもファラオの宮殿風やアラビア風という建物にはしたくなかったため、はるか東の国から着想を得た。カンボジアの有名なヒンドゥー教の寺院アンコールワットだ。そうして建てられたバロン宮殿は見ての通り見事な建物だが、実は石ではなく鉄筋コンクリート製だ。

97

サダム・フセインの宮殿
イラク、バービル県ヒッラ

バビロンに建てられたサダム・フセイン（1937 ～ 2006 年、大統領 1979 ～ 2003 年）の宮殿は、もともとその場所にあった本物の遺跡と同じように朽ち果てている。フセインと同様に独裁者だったネブカドネザル2世（紀元前 605 年頃）の宮殿のレプリカだと言われており、メソポタミアの古代の遺跡のように泥煉瓦で造られた、非常に壮大な建物だ。損傷が激しく、細部のデザインはずいぶん前に失われている。

上：対米戦勝記念宮殿
イラク、バグダッド

失脚した専制君主にふさわしい宮殿。1990〜1991年
の湾岸戦争の勝利を想定し、サダム・フセインは記念
の宮殿を建てさせた。建設は2003年まで続いていた
が、「衝撃と畏怖作戦」と呼ばれる米軍の攻撃により中
断された。未完成のまま放置されているこの建物は、
歯止めの利かない独裁政治と傲慢なプライドを後世に
伝える負のモニュメントだ。

スワヒリ宮殿
ケニヤ、キリフィ、ゲディ

ゲディのスルタンの国が築かれたのは、アラブの商人が東アフリカの海岸を航行し始めてから既に何世代もの時を経た、11世紀ごろのことだろう。アラビア語とバントゥー語が混ざり合い、スワヒリ語という新たな貿易用の言語が発達するとともに、双方が融合した文化も花開いたが、ゲディは17世紀までには放棄された。

ビシャーラ・アル＝フーリー宮殿
レバノン、ベイルート、ズカーク・アル＝ブラット

レバノンは昔から、洗練を極めた東のアラブと西のフランスの諸要素が融合した、活気ある文化が息づくことで知られていた。この19世紀の屋敷は、砲弾によって破壊されたまま放置されているが、失われてしまったかつての素晴らしい文化を今に伝えている。1970年代から1980年代の内戦による被害は、ベイルートが廃墟の代名詞となるほど凄まじいものだった。この建物も犠牲となったものの一つだ。ただ、損傷がひどくても、美しい柱の上のエレガントなアーチや均衡の取れた造り、明るく、広々とした雰囲気から、以前は壮麗な建物だったことが容易にうかがえる。

101

デュコール・ホテル
リベリア、モンロビア

リベリアは 1989 年に内戦に突入し、その後 10 年近く戦火にさらされた。内戦前のデュコール・ホテルはモンロビアの誇りで、国にとって王冠の宝石のような存在だった。だが内戦開始から数年後、ホテルの建つ地区が最初に無差別発砲地帯となり、その後は多くの家族が不法に住みついていた。戦争が終わると、ホテルの建物を修復しようと試みられたが、2 度目の内戦（1999 ～ 2003 年）が勃発し、中断された。今でも大西洋を見渡せる、すばらしい眺望は変わらないものの、五つ星のホテルは無残な有様のまま捨て置かれている。

打ち捨てられた家
リベリア、ロバーツポート

19世紀のリベリアに入植して国を築いたの
は、アメリカから解放された奴隷だった。彼
らはこの地に、南米色の濃い文化をもたらし
た。打ち捨てられたこの家は、ジョージアか
アラバマの田舎に建っていても違和感がない
だろう。建物が廃屋と化しているのは、経済
の停滞と深刻な貧困だけでなく、数十年にわ
たって続いた壮絶な内戦が原因だ。

 103

カサバ
モロッコ、トゥルエ

空港や舗装された高速道路のある今となっては、トゥルエは最果ての辺境にあり、このカサバ（城塞）が朽ちているのも自然なことのように思える。だがほんの100年足らず前まで、ここは要所の一つだった。岩塩坑があったことに加え、サハラから山を越えてマラケシュに向かうキャラバンのルートの重要な中継地だったのだ。この地を治めたベルベル人のグラウィー族の長たちは、時に無法地帯となる危険な土地で身を守るため、贅沢な住居と要塞を兼ねた泥煉瓦の建物を築いた。

グランド・ホテル・ベイラ
モザンビーク、ソファラ、ベイラ

いつのころからか、放棄されていた建物は無人ではなくなっていた。いつのまにか何百人もの不法居住者の巣窟になっていたのだ。ポルトガルがモザンビークを統治していた最後の数十年間、（少なくとも富裕層に限って言えば）ベイラは繁栄していた。港には常にビジネスマンが行き交い、グランド・ホテルは人気を博した。しかし1960年代から訪れる人が目に見えて減少し、1974年にポルトガルでカーネーション革命が起きると、同国によるアフリカの植民地統治に終止符が打たれた。独立に続いて内戦が起き、ホテルは政府軍であるモザンビーク解放戦線（FRELIMO）の基地となった。

ゴーストタウン
ナミビア、リューデリッツ、コールマンスコップ

この町はかつてにわかに栄え、1950年代には衰退していたが、やけに保存状態が良い。砂漠の砂が随所に入り込んでいるものの、乾いた、焼けつくような太陽が、建物を保存するのに一役買ってきたのだろう。半世紀に及ぶコールマンスコップの歴史は、1908年にダイヤモンドが発見されたことから始まった。数週間と経たないうちに、ダイヤモンドを掘り当てようとするドイツ人が、自国の植民地だったアフリカの南西部に群がってきたのだ。人口は多い時でも1300人足らずだったが、町は非常に潤い、発電所、学校、病院、映画館、ダンスホール、ボーリング場などが立ち並び、路面電車も走っていた。

ボンバイム農園の宿舎
サントメ・プリンシペ、
サントメ

大きな建物の向こうに、長屋が見える。一見、絵になる光景だが、ここでの暮らしは想像を絶するほど厳しいものだったはずだ。ポルトガル海上帝国の奴隷制度は1876年にようやく廃止されたが、その後も数十年間は奴隷がひそかに使われていた。ボンバイムでいつまで奴隷を所有する慣習があったか正確なことはわからないが、この辺境の農園では、奴隷制廃止の機運もどこ吹く風だったことだろう。

イサク・パシャ宮殿
トルコ、アール、ドウバヤズット

アララト山のふもとの岩だらけの丘の上に堂々
とそびえる、この美麗な宮殿は、行政の中心と
しての役割も果たしていた。1685年にオスマン
帝国の地方長官チョラク・アブディ・パシャが
建設に着手したが、大部分は息子の代に建てら
れた。完成したのは1784年、同じ称号を持つ
孫息子のイサク・パシャの代になってからだ。

朽ち果てた別荘"ヤリレー"
トルコ、イスタンブール、
オルタキョイ

この家々は、ボスポラス海峡のヨーロッパ側の岸に沿って並ぶ昔の別荘だ。想像できる通り、中には見事な別荘もある。この建物はすっかり古びてしまい、3階部分から後ろの山腹の家々が見通せるほどだ。ただこんなに荒廃していても風格が感じられる。

アジア太平洋地域

134

**ドミニカン・ヒル保養施設
（ディプロマット・ホテル）
フィリピン、ルソン島
バギオ**

丘のてっぺんにそびえるこの建物は今、100年前に静養に来る修道士を受け入れた時と同じように、静かな時を刻んでいる。だがその間には、不穏な時代があった。第二次世界大戦中、日本の憲兵隊の基地とされたのだ。1973年にはディプロマット・ホテルとして開業したが、1980年代には放棄された。

ラビンドラナート・タゴール（1861～1941年）は「あなたの偶像が崩れ落ちて塵となっているのは、神の塵があなたの偶像よりも偉大である証だ」と述べている。アジアと太平洋の国々には、そういった破片が実にたくさん散らばっている。このベンガル人の詩人は何よりも精神的なものを重んじてはいたが、決して浮世離れしているわけでも政治に無関心なわけでもなかった。そして彼の心の中では、新しさと進歩を比喩的な意味での偶像崇拝の対象としていたのではないかと感じずにはいられない。自分のようなインド人は、西洋の世界観に洗脳され、「我々がやるべきことは、英国の技術者の思惑通り、自分たちの社会の4分の3を土台から一掃し、英国の煉瓦とモルタルに置き換えることだ」と思い始めていると、タゴールはぼやいていた。

しかし、そんな初期の社会構造自体、それ以前の侵略や支配によって壊された、もっと前の文明の断片から組み立てられたものだ。スペイン人やポルトガル人、オランダ人が東方で植民地獲得競争を繰り広げたのは16世紀という遥か昔のことだが、それよりもずっと前に、地元の支配者によって帝国が建設されていたのだ。アジアと太平洋の国々に点在する古代や近代の廃墟は、煉瓦とモルタルのものばかりではなく、地域の歴史をありありと物語る彩り豊かなものだ。

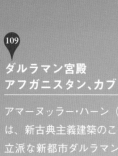

ダルラマン宮殿
アフガニスタン、カブール

アマーヌッラー・ハーン（1892～1960年）
は、新古典主義建築のこの宮殿を要とする、
立派な新都市ダルラマンの建設を目指して
いた。現在はアフガニスタンの首都となっ
ている場所だ。1926年に即位すると同時
に建設を開始したが、3年後に保守派の部
族長たちの反乱で失脚し、完成からは程遠
い状態のまま、この地を後にした。

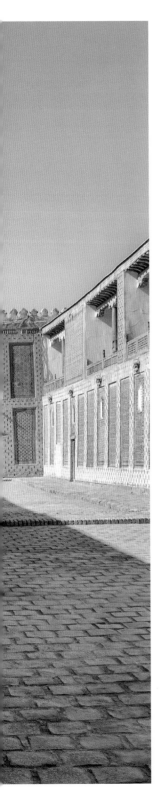

 タシュ・ハウリ宮殿
ウズベキスタン、ホラズム、ヒバ

タシュ・ハウリ（「石の家」の意）は、この土地特有の泥煉瓦の建物の中で、異彩を放っている。息をのむほど美しいこの宮殿を建てたのは、アラクリ・ハーン（1794～1842年、在位1826～42年）だ。後宮（左）は、人目につかない奥まった場所にあるが、今でも光に満ち、広々とした感じを受ける。

上の写真の窪みは、ただの飾りではない。アラクリ・ハーンのモスクで礼拝を行う者たちのために、キブラ（メッカの方角）を示すという、非常に神聖な目的がある。ただ、装飾的な美しさがあることも事実で、思わず目を奪われる。魅力的な建物が多いヒバの中でも、このタイル装飾は群を抜く傑作だ。

 左：旧大臣事務所
ミャンマー、ヤンゴン

英国植民地時代のビルマでは、100年以上にわたり、セクレタリアトと呼ばれる事務局が行政の中心だった。1948年以降、ビルマが独立国家になると、同じ建物が「大臣事務所」と呼ばれ、同様の機能を担った。先頭に立って民主化運動を推進したアウンサン（1915〜47年）は、独立という夢が実現するわずか6カ月前に、ここで暗殺された（事件の真相はいまだにわかっていない）。6.5ヘクタールに及ぶこの建物を実際に見ると、大きさは写真の印象と変わらないが、もっと荒廃が進んでいる。真ん中にドームがあったが、1930年代の地震で崩落した。

 上：ボーコー宮殿ホテル
カンボジア、カンポット、
ボーコー

ボーコーは植民地の行政官とその家族が、大都市の厳しい暑さを逃れるために訪れたヒル・ステーション（避暑地）と呼ばれるリゾート地だった。この高級ホテルは1925年に開業した。カンボジアはフランスの支配下にあったが、第二次世界大戦後になると植民地支配に対する不満が噴出して表立った抵抗運動が起きるようになり、フランスの役人たちはここで羽を伸ばすことができなくなった。1960年代になると治安がいくぶん改善し、リゾートは営業を再開して、新しいカジノもできた。だが1972年にクメール・ルージュが到来し、ホテルは永遠に幕を下ろすことになった。

113

放棄された邸宅
香港、新界東、粉嶺（ファンレン）

粉嶺は香港のはずれではあるが、中国との境界に近接しており、税関職員や行政官の足場となっていたため、このような高級住宅が建てられた。辺鄙な場所のため、中心地のような大規模な再開発が行われることはなかった。その結果、廃墟探索が目的の観光客の間で人気が高まり、特に大英帝国の植民地時代の面影を求める人々が訪れる。実際、言いようのない魅力があり、すっかり荒廃したこの家からも、気品がにじみ出ている。ここで営まれていた優雅な暮らしが目に浮かぶようだ。

114

バダルマハル
インド、ラジャスターン州
サワーイー・マードープル

ラジャスターンの山の上に高々とそびえ、もっと
広大なクンバルガル城と共に丘陵城塞群に数えら
れるランタンボール城は、大部分が1000年前に
建設され、16世紀まで戦の舞台となっていた。し
かし、今は静寂と平和に包まれている。実際、聖
なる水をたたえるラニクンド湖の向こうに建つ「天
空の宮殿」バダルマハルを眺めていると、平和で
ない時代があったことなど、想像しがたい。

バズ・バハドゥール宮殿
インド、マディヤ・プラデーシュ州
マンドゥー

バズ・バハドゥールと美しいヒンドゥー教徒の歌
姫ラニ・ルプマティの恋物語は、インド版のロミ
オとジュリエットとして語り継がれているが、彼ら
は実在の人物だ。スルタンとしてのバハドゥール
（在位 1555 ～ 62 年）は、取り立てて功績もなく、
ムガル帝国の侵入を受け、領土と命を奪われた。
それでも生前、自分と妃のために美しい愛の巣を
建てたという史実が消えることはない。

ブンディ宮殿
インド、
ラジャスターン州

町を見渡せるアラバリ山脈の斜面に張り付くような造りのこの宮殿は、1602〜31年にラオ・ラジャ・ラタン・シン・ハダによって建設された。難しい地形のため、特殊な設計となっていることに加え、内部は天井も壁も一面が移り変わる幻影のようなフレスコ画で装飾されており、独創的な印象を強めている。ラドヤード・キップリング（1865〜1936年）は、「この宮殿を建てた人々は不安な夢を見ていたようだ。人間ではなく、ゴブリンの業だ」と記した。比較的最近訪れた人では、芸術家のナターシャ・クマール（1976〜）が、不気味な別世界に足を踏み入れたような体験を、「インドのアリスになった気分」と伝えている。

左上と左下：ナガラタールの屋敷
インド、パンジャ・ナードゥ、チェティナード

タミル商人の共同体であるナガラタールは、古くから金融取引や、大理石、チーク材などの高級品の商取引を行い、インドの国内外に足を運び、富を蓄えた。莫大な富と行動範囲の広さが、贅沢な造りの家々から見て取れる。建物自体には地元の石灰岩が使われているが、ヨーロッパのような彼方の地の上質な家具や建具が備えられている。しかし、これらの屋敷は第二次世界大戦時に接収され、放棄せざるを得なくなった。

上：放棄されたハベーリー
インド、ラジャスターン州シェカワティ、
マンダワ

ハベーリーと呼ばれるマンダワの邸宅がすべて朽ちかけているのは、取り立てて言うほどのことでもない。驚くべきは、そもそもこんな場所に邸宅が建てられたことだ。現在は貧しい田舎町にしか見えないマンダワだが、19世紀には主要な交易路上にあったことから、非常に繁栄していた。商人たちは、写真のような豪邸を建て、成功を顕示したのだ。その装飾の豪華さから「世界最大のオープン・アート・ギャラリー」と評されてきたほどだ。

ジャハンギール・マハル
インド、マディヤ・プラデーシュ州ティカムガル、オールチャー

地方の支配者ビール・シン・デオは、1610年頃にムガル帝国の皇帝ジャ
ハンギール（1569～1627年、在位1605～27年）がこの町を訪れる
際に、歓迎の意を示すためにこの美しい宮殿を建てた。窓のない一階の壁
は、重要な要塞でもある建物が盤石であることを強調している。上の階に
はその分を補うように、8つの大きく立派なドームや小さな尖塔の他、アー
ケードや美しいバルコニーのある部屋、格子造りの窓がある。そして至る
所に繊細な彫刻や美しい壁画が施されている。

120

ラニガート宮殿
ネパール、第5州パルパ

均整のとれたパルテノンのようなこの宮殿は、ガンダキ川の土手へ続く
急峻な段丘を見下ろす岩の上に建っている。ネパールのタージマハルと
も呼ばれる珠玉の宮殿だ。1893年にカドガ・シャムシェル・ジャンガ・
バハドゥル・ラナ（1861～1921年）がラナ家代々の居所として建てた。

上：ムバラク・マンディ宮殿
インド、ジャンムーカシミール、ジャンムー

ドグラ王朝のマハラジャたちは、19世紀にこの広
大で美しい宮殿を段階的に建設し、ホールや廊下
にすばらしい美術品を飾った。だが1925年には
ムバラク・マンディ宮殿を去り、もっと快適な現
代風の住まいに移った。

右：ラージ・マハル
インド、マディヤ・プラデーシュ州
ティカムガル、オールチャー

ジャハンギール・マハルと同じく、巨大なオール
チャー要塞の一部をなしているこの「王の宮殿」
の建設時期は、もう少し前の16世紀に遡る。アー
ケードのある中庭や、贅沢な彫刻を施した石細工
などがあり、息をのむほど美しく、どんな王の宮
殿としても申し分なかった。

123

霊廟
インド、マディヤ・プラデーシュ州
ティカムガル、オールチャー

ベトワ川のほとりのこの建物は、宮殿や霊廟と呼ばれている大小さまざまの15の建物の一つだ。代々の支配者を追悼するために建てられたもので、実は大きさが治世の長さを表している。これはビール・シン・デオのために建てられた霊廟だ。

124

ラナ・クンバ宮殿
インド、ラジャスターン州チットールガル

遥か昔の6世紀に興ったメーワール王国は、ラナ・クンバ（1433～68年）の治世になってようやくラジャスターンで頭角を現した。王はチットールを首都と定め、突き出したバルコニーがあり、石の壁には漆喰を塗った壮麗な宮殿を建てた。後に神秘的な女流詩人ラニ・ミーラ（1498～1546年）がここに住んだ。

チャルレビル屋敷
インド、ヒマーチャル・プラデーシュ州シムラー

英国統治下のインドでは、暑い季節の到来とともに、エリート層がこぞって標高の高い避暑地に足を運んだ。羽を伸ばし、ポロやパーティー、そして（噂によると）情事に興じていた。なかでもシムラーは最大のヒル・ステーションとしてよく知られていた。当時の名残であるこの立派な別荘は、英国の郊外の家そのもので、サリー州でよく見られるチューダー朝風の高級住宅だ。

126

**ショババザール・ラジバリ
インド、西ベンガル、コルカタ**

ナバクリシュナ・デブ（1733～97年）は、英国に従
属し、統治に協力する地元の支配者として重用される
ことで、ショババザール王朝の勢力を伸ばした。そし
てこの宮殿を建てると、今でも伝統として受け継がれ
ているドゥルガー・プージャの祭りを始めた。母なる
女神ドゥルガーが恐ろしい悪魔マヒシャスラに勝利し、
すべての人々に豊かさが約束されることを祝うのだ。
今は物悲しく陰鬱な宮殿の周辺も、年に一度のドゥル
ガー・プージャの祭りの時期には活気を取り戻す。

左：タムルク・ラジバリ
インド、西ベンガル州
プルバ・メディニプール、
タムルク

マハーバーラタには、アシュバメー
ダ（馬犠牲祭）のヤジナ（生贄）を
マユラドバジャ（孔雀王朝）のタム
ラドワジ王から救うため、クリシュ
ナがこの地を訪れたと記されている。
もちろん叙事詩は何世紀も前のもの
で、この建物はタムラドワジのラジ
バリ（王宮）としては新しすぎるが、
かなり昔からここに建っていること
は間違いない。何にせよ、この建物
には古代の詩に似合うような雰囲気
がある。浸食された柱、弧を描くレ
ンガ造りのアーチ、草で覆われた通
路など、すべてがまさに伝説の中の
王宮のようだ。

上：放棄された宮殿
インド、西ベンガル州

インドは果てしなく広く、悠久の歴
史があり、その文化は非常に複雑な
過程を経て形成されてきたため、す
べてを把握することはまず不可能だ。
王が即位しては失脚し、王朝が興っ
ては消えていった。それでも多くの
王国が、英国の征服者とそれぞれに
和平を結び、近代まで細々と残って
いた。そんなわけで、西ベンガルの
奥地のような田舎で、長いこと忘れ
られていたこのような宮殿に出くわ
すことがある。こんな辺鄙な場所で
も、かつては王のお膝元だったのだ。

「幽霊宮殿」ホテル
インドネシア、バリ島、バトゥリティ

バリ島にあるブラタン湖のやや南の内陸の高台に最新
のリゾート施設があるが、客や従業員の姿もなく、何
のためにあるのかもわからない。草が生い茂り、じめじ
めした気候の中で朽ちゆく幽霊宮殿（正式名称は PI・
ブドゥグル・タマン・レクレアシ・ホテルアンドリゾー
ト）は、1990 年代の終わりにかけて建てられたばかり
だ。開発者は、インドネシアのスハルト元大統領（1921
〜 2008 年）の息子、フトモ（トミー）・スハルトと言
われており、この施設が開業する前に汚職の罪で投獄
されたと考えられている。

130

八丈オリエンタルリゾート
日本、伊豆諸島、八丈島

1960 年代の初め、日本の経済は上向きだったが、政府は海外渡航
の自由化に慎重な姿勢を見せていた。その代わり、新興の富裕層
には飛行機で行く贅沢な国内旅行が推奨され、八丈島は"日本の
ハワイ"と宣伝された。ロイヤルホテルはその目玉となった最高級
ホテルだが、建物はフレンチ・バロック様式と近代のブルータリズ
ムが混在したような造りだ。それでも、宿泊客は幸せな時間を過ご
し、ホテルは大盛況だった。だが規制が緩和され、自由に海外旅
行ができるようになると事情は変わった。1990 年代にホテルは廃
業し、それ以来無人となって着々と荒廃が進んでいる。

131

ケリー城
マレーシア、ペラ州
キンタ、バトゥ・ガジャ

スコティッシュ・バロニアル様式と、ムーア様式そしてインドの建築が一緒になった（衝突しているという方が正しいかもしれない）、古き時代を思い起こさせるウィリアム・ケリー＝スミスの豪邸。現在は親しみを込めて「ケリーの城」と呼ばれている。富裕なゴム農園主はスコットランドのマレー湾の近くの故郷をしのびながらも、エキゾチックな東洋の文化に心酔していたようだ（マレーシアに住み、働くようになってから四半世紀が経ってもそのことに変わりはなかった）。農園で働くインドのタミル・ナードゥ州のチェンナイからの移民労働者も、ケリーの勧めで自分たちの伝統を少し取り入れた。また、建材もインドから船で運ばれた。1915年に建設が始まり、未完成のまま1926年にケリーが死去すると、未亡人は建設中の屋敷を放棄して英国に戻った。

 132
上：放棄された木造家屋
マレーシア、ペラ州クアラカンサー

階段はみすぼらしく、草が生えている。木材も古びて
薄汚く、隙間ができて穴がぽっかりと開いている。だ
がこのマレーシアの伝統的な家には、まだ何か人を惹
きつけるものがある。涼しいそよ風が入るように土台
を高くしており、熱帯の暑さをしのぐため、（朽ちる前
から）窓には風が通る隙間があって、十分に換気がで
きるようになっていた。屋根付きの玄関ポーチと張り
出しているベランダは、マレーシアのジャングルに高
床式の長屋が建っていた時代を思い起こさせる。

133

放棄された屋敷
マレーシア、ペナン島ジョージタウン

19世紀の終わりに英国人が入植して以来、ノーザム通りは
ジョージタウンの百万長者街だった。英国の植民地政策が
終焉を迎えると、世界を股にかける中国人のエリートが移り
住んだ。現在は、その人々も立ち去っていった。商業地区
の拡大に伴い、市のはずれに高層ビル街が出現する一方で、
衰退する地区や放棄される建物も出てきたのだ。

217

ドミニカン・ヒル保養施設（ディプロマット・ホテル）
フィリピン、ルソン島バギオ

音が反響しそうな無人の空間は、1982年までディプロマット・ホテルのロビーだった。現在でも快い、明るく優雅な雰囲気が漂っている。しかし夜になると話は別だ。第二次世界大戦中に拷問され殺された囚人（あるいは神学校として使用されていた時代の司祭や修道女）の不気味な金切り声や、泣き声、鎖の音などが聞こえるという噂があることは置いておくとしても、雰囲気が一変するのだ。

135

廃墟
フィリピン西ネグロス州タリサイ

この宮殿風の建物は、サトウキビ農場を経営していたドン・マリアーノ・レデスマ（1863～1948年）が、出産で命を落とした妻マリア・ブラガ・ラクソン（1870～1910年）を悼んで築いたものだ。贅を尽くして構想を練り、綿密に造られた。マリアの姿をかたどった小さな像が、（船長だったマリアの父親を称える）貝殻と共に外観を際立たせている。また、すべての垂直な支柱には、夫婦の頭文字の2つのMが向かい合わせに並んでいる。第二次世界大戦時の際、侵入してくる日本軍に使われないよう地元のゲリラが焼き払った。屋敷は三日間にわたって燃え続けたが、鉄筋コンクリートの枠組みだけが残った。いかにもモニュメントという雰囲気になったことは、間違いないだろう。

136

王ナーラーイの宮殿
（プラ・ナーラーイ・
ラチャニウェート）
タイ、ロップリー

かつてシャムと呼ばれ、
後にタイと名を改めた王
国の前身であるアユタヤ
朝は14世紀には存在し
ていたが、王朝末期の
ナーラーイ王（1656～
88年）の時代に、よう
やく東南アジアの一大勢
力となった。ナーラーイ
はヨーロッパとの貿易に
よって国の富を蓄え、フ
ランスと友好関係を結ん
で影響力を増した。この
宮殿の設計やすばらしい
王の部屋にもそんな西洋
化の傾向が反映されてい
る。写真の通り荒れ果て
た今でも美しい建物だ。

世界宮殿廃墟マップ

南北アメリカ大陸とカリブ

西ヨーロッパ

東ヨーロッパ

アフリカと中東

アジア太平洋地域

Picture Credits

ナショナル ジオグラフィック協会は1888年の設立以来、研究、探検、環境保護など1万3000件を超えるプロジェクトに資金を提供してきました。ナショナル ジオグラフィックパートナーズは、収益の一部をナショナルジオグラフィック協会に還元し、動物や生息地の保護などの活動を支援しています。

　日本では日経ナショナル ジオグラフィック社を設立し、1995年に創刊した月刊誌『ナショナル ジオグラフィック日本版』のほか、書籍、ムック、ウェブサイト、SNSなど様々なメディアを通じて、「地球の今」を皆様にお届けしています。

nationalgeographic.jp

世界の宮殿廃墟
華麗なる一族の末路

2020年8月24日　第1版1刷

著者	マイケル・ケリガン
訳者	片山 美佳子
編集	尾崎 憲和、田島 進
装丁	渡邊 民人(TYPEFACE)
本文デザイン	清水 真理子(TYPEFACE)
発行者	中村 尚哉
発行	日経ナショナル ジオグラフィック社 〒105-8308 東京都港区虎ノ門4-3-12
発売	日経BPマーケティング
印刷・製本	日経印刷

ISBN978-4-86313-461-4
Printed in Japan